Doreen Virtue
und James Praagh

Trost von der anderen Seite

L·E·O

ÜBER DAS BUCH:

Wer einen Verlust erlebt hat, der braucht Trost und Unterstützung, und dieses Buch bietet praktische und spirituelle Hilfe für alle Trauernden. Jede Seite enthält eine heilende Botschaft, die dabei hilft, mit der schmerzlichen Erfahrung leichter fertigzuwerden. Da viele Trauernde Schwierigkeiten haben, sich auf Texte zu konzentrieren, wurde besonderer Wert auf eine einfache und klare Sprache gelegt. Man kann das Buch auf irgendeiner Seite aufschlagen, die entsprechende Botschaft in sich aufnehmen und darüber meditieren.

Doreen Virtue und James Van Praagh haben ein Trostbuch geschrieben, das sie selbst gern während ihrer eigenen vergangenen Trauererfahrungen zur Hand gehabt hätten. Auf der Grundlage ihrer langjährigen Erfahrungen als Trauerberater und Medien ist so ein besonders liebevolles Buch entstanden – das perfekte Geschenk für jeden Trostsuchenden.

DOREEN VIRTUE
UND JAMES PRAAGH

Trost von der Anderen Seite

Aus dem Amerikanischen übersetzt
von Daniela Graf

L·E·O

Die Originalausgabe ist erstmals 2013 bei Hay House Inc. erschienen.
Titel der amerikanischen Originalausgabe:
HOW TO HEAL A GRIEVING HEART

MIX
Papier aus verantwortungsvollen Quellen
FSC® C084279

Umschlaggestaltung: FranklDesign.de
Innenseitengestaltung: Jenny Richards & FranklDesign
Satz: FranklDesign.de
Foto von Doreen Virtue: www.PhotographybyCheryl.com
Illustrationen: 2014 Hay House, Inc. & Frankldesign
Druck und Bindung: Print Consult GmbH, München

ISBN 978-3-95736-047-2

Mehr über unsere Bücher
www.leoverlag.de

Für meine Lieben im Himmel.

Doreen Virtue

Für die Geister, die mich gelehrt haben zu lieben.

James Van Praagh

Inhalt

EINFÜHRUNG

Heile dein trauerndes Herz

Wir sind beide schon in deiner Situation gewesen – leidend und mit vor Schmerz weit aufgerissenen Herzen, da wir einen unserer Lieben verloren hatten. Wir haben zudem auch Tausende von trauernden Menschen privat und öffentlich während der mehr als 20 Jahre unterstützt, in denen wir schreibend, beratend und als Lehrer tätig waren. Daher wissen wir, wie du dich jetzt fühlst.

Wir haben »Trost von der anderen Seite« so geschrieben, wie wir uns in unserem Trauerprozess damals ein Buch gewünscht hätten. Auf den Seiten dieses Buches reichen wir dir die Hand, um dich auf deinem Weg zu begleiten. Wir bieten dir Informationen und Ratschläge an, die auf unseren eigenen umfassenden Erfahrungen beruhen, und wir hoffen, dass sie dir Trost bieten.

Trauer ist eine Mischung aus vielen Emotionen, und nichts, was wir sagen, kann dir den geliebten Menschen körperlich zurückbringen. Allerdings können wir dir dabei helfen, mit deinem Leben weiterzumachen. Wir können dir auch helfen, besser zu verstehen, warum der geliebte Mensch übergetreten ist und wie du mit seiner oder ihrer ewigen Seele in Kontakt treten kannst. Und wir können dir versichern, dass niemand je wirklich stirbt und dass ihr eines Tages wieder vereint sein werdet.

Welche Seite du in diesem Buch auch aufschlagen magst – es wird stets die Seite sein, die genau für dich bestimmt ist. Du musst dieses Buch nämlich nicht vorn anfangen, denn es ist eher als Ort gedacht, an den du dich begeben kannst, wenn du Trost brauchst. Schlage das Buch einfach auf, und erlaube deinem Geist und deinem Herzen, frei umherzuschweifen, während du die Botschaft auf der entsprechenden Seite liest.

Du musst diesen Prozess nicht alleine durchmachen! Unsere Gebete sind mit dir, und es gibt zudem wunderbare Trauergruppen online sowie vor Ort, und zwar überall auf der Welt. Bitte erlaube uns, dir in dieser Zeit der Veränderungen zu helfen, und nimm die Gebete und heilenden Botschaften an, die wir dir in diesem Buch anbieten.

In Liebe,
Doreen und James

Tage können wie Schmetterlinge sein

Es gibt Tage, an denen kannst du Bäume ausreißen, und andere, an denen du dich zurücklehnen musst. Sei sanft zu dir. Du hast gerade eine lebensverändernde Erfahrung durchgemacht, und du brauchst Zeit, um dich zu erholen. Die Welt und das Leben, so wie du es bisher gekannt hast, sind nun ganz anders. Obwohl du stark und immer für alle dagewesen bist, möchte das Universum nun, dass du jetzt einmal für dich selbst da bist. Das ist eine wundervolle Möglichkeit, die dir da geschenkt wurde – nicht nur, um deine Batterien wiederaufzuladen, sondern um dich in diesen stillen Momenten wieder daran zu erinnern, was für ein wunderschönes und einzigartiges Wesen du bist.

Eine Seele verabschiedet sich nie, ohne Geschenke zu hinterlassen

Was für ein Segen, diesen irdischen Weg mit einer anderen edlen Seele beschreiten zu dürfen! Das Beste in dir hat das Beste in der anderen Person erkannt, und zusammen habt ihr einzigartige und besondere Erinnerungen erschaffen, die niemals verblassen werden. Welche wundervollen Aspekte deines Wesens hast du mit dem geliebten Menschen geteilt? Wie hat seine oder ihre wunderschöne Gegenwart dein Leben beeinflusst, und welche wundervollen Geschenke hat er oder sie dir hinterlassen, um dir dabei zu helfen, das Leben auf andere Art schätzen zu können? Du bist dadurch ein besserer Mensch geworden, und nun ist es an dir, diese Geschenke mit der Welt zu teilen.

Gott kreiert keine Zufälle, sondern sorgt für göttliches Timing

Wenn schockierende Dinge scheinbar rein zufällig passieren, dann ist es für den menschlichen Teil in uns unmöglich, zu verstehen, wie komplex und umfassend das Universum arbeitet. Wir werden wütend auf Gott und fragen uns: Wie konnte er das zulassen? Doch vielleicht gibt es außerhalb unserer menschlichen Wahrnehmung einen Rhythmus und ein Schicksal, das die Seele zu erfüllen hatte. Vielleicht können wir unseren Schockzustand, unsere Wut und unseren Schmerz in die Gewissheit verwandeln, dass es so etwas wie ein perfektes Timing gibt. So wie die Sterne am Himmel leuchten und die Planeten um die Sonne kreisen, so gibt es einen Rhythmus, in dem alles geschieht und der sich eines Tages jedem von uns enthüllen wird.

Zeit ist nur ein Platzhalter, bis ihr euch wiederseht

Zeit ist wirklich nur eine Illusion, denn was man im Herzen fühlt, kann keine Uhr je messen. Doch erlaube jedem neuen Tag, dir die Weisheit und die Einsichten aus der Vergangenheit zu enthüllen, sodass du ein umfassenderes Verständnis für deine zukünftigen Tage erhältst und diese umso mehr schätzen kannst. Erkenne, während die Momente vorübergehen, dass jeder davon dich auf eure Wiedervereinigung vorbereitet und dich dafür vervollkommnet – sodass du, wenn der Tag gekommen ist und du aus der Zeit heraustrittst, die Fülle deiner Liebe in ihrer ganzen Herrlichkeit erkennst.

Sende heilende Gebete zum Himmel

Der Himmel sendet dir heilende Botschaften, und du kannst sie auch in den Himmel zurückschicken! Bete für deine Lieben im Geiste, sende ihnen Liebe, und bitte Gott, Jesus und die Engel, ihnen bei ihrem Übertritt ins Jenseits zu helfen.

Lass die Stille dein Herz öffnen, sodass du es singen hören kannst

Der Anfang aller Gebete ist die Stille. Ehre diese Momente der Selbstreflektion, und lass dich von der Reise tief nach innen in deine Seele tragen, sodass deine Seele mit dir sprechen kann. Nur in der Stille wirst du die Einsichten finden, nach denen du suchst … denn deine Seele ist durch Äonen der Zeit gereist, um zu entdecken, zu erfahren, zu formen und zu erschaffen, wer du heute bist. Wenn sich die Stimme deiner Seele entfaltet, wirst du die wahre Essenz deines Wesens erkennen.

Worte sind wie kraftvolle Wegweiser: Sie zeigen dem Universum die Richtung, in die unsere Seelen gerne gehen wollen

Oftmals können Gefühle nur durch das geschriebene Wort ausgedrückt werden. Wenn wir uns die Zeit nehmen, um einen Brief oder ein Gedicht an unsere verstorbenen Lieben zu schreiben – oder auch nur einen Tagebucheintrag – dann erhalten sie durch die Reinheit, die Absicht und die Emotionen dieser Worte Leben in der ätherischen Welt. Deine Worte bestärken aber nicht nur für deine spirituelle Familie, deine geistigen Führer und Engel deine Liebe und Dankbarkeit, sondern geben interessanterweise auch eine klare und genaue Richtung vor, die deine Seele gerne auf ihrer Reise der Heilung und der Erkenntnisse einschlagen möchte.

Wenn man im Kontakt mit der Natur ist, so ist man auch mit Gott verbunden

Gehe an einen Ort in der Natur, der in dir ein Gefühl des Staunens erweckt. Das sind Gottes natürliche Heilorte. Sie wurden geschaffen, um deine Seele zu erfrischen und dich daran zu erinnern, dass du mit allem im Universum verbunden bist. An diesen heiligen Orten der Natur ist der Schleier zwischen den Welten dünn, und du kannst dich in den Rhythmus des Lebens einfügen und dich mit all den Dingen verbinden, die von Natur aus heilig sind. Lass dich durch die Heiligkeit dieser Orte öffnen, um die Schönheit zu teilen, die dir das gesamte Leben bietet.

Die einzige Konstante im Leben ist die Veränderung

So wie das Meer zwischen Ebbe und Flut wechselt und die Sonne auf- und untergeht, so kommt und geht auch jede Phase deines Lebens. Das Leben ist Veränderung, und Veränderung ist Leben. Nur durch die Veränderung können wir genau bestimmen, woher wir kommen, wo wir gerade stehen und wo wir als Nächstes hingehen möchten. Mit der Veränderung erlangen wir neue Erkenntnisse und eine Perspektive auf unsere Entwicklung. Es gibt nichts, was ewig so bleiben wird, wie es ist, aber wir werden hoffentlich Freude und Liebe in jeder Veränderung finden, der wir begegnen.

Das Ausmass der Trauer, die wir empfinden, entspricht der Liebe, die wir geteilt haben

Glaube keinem, der behauptet, dass wir nur eine bestimmte Zeit lang trauern sollten. Es gibt keine Regeln beim Trauern. Trauer ist genau wie Liebe unermesslich. Kein Mensch liebt auf dieselbe Weise – und jeder trauert anders. Einige Leute zeigen ihren Kummer offen, während andere ihn tief in sich verschließen. Trauer ist eine sehr menschliche und spirituelle Erfahrung. Tränen reinigen die Seele, und Trauer bestätigt die Liebe, die du empfunden hast. Du kannst ganz beruhigt und sicher sein, dass dein Herz und die unsichtbaren Wesen im Himmel dich bei deiner Transformation zu einem neuen Leben voller Liebe und Lernerfahrungen unterstützen werden.

Eine Seele kann niemals sterben

So etwas wie den Tod gibt es gar nicht. Der Tod ist reine Illusion. Einer Seele kann niemals etwas Schlimmes zustoßen, und es gibt nichts, was das Licht deiner Essenz auszulöschen vermag. Viele glauben, dass sie aufhören zu existieren, sobald der physische Körper gestorben ist. Nichts könnte weiter von der Wahrheit entfernt sein. Und es gibt auch keine Verdammung oder Verurteilung beim Übergang, sondern nur ein Bewusstsein für die Entscheidungen, die deine Seele treffen musste, um bestimmte Erfahrungen zu sammeln. Wenn eine Seele nach Hause zurückkehrt und somit von den irdischen Begrenzungen befreit ist, dann wird sie wieder völlig hergestellt und lebt in all ihrer Herrlichkeit fortan in der ewigen Energie Gottes.

Keiner stirbt je allein

Genauso wie man von anderen in der physischen Welt willkommen geheißen wird, so wird man auch in der spirituellen Welt von seiner spirituellen Familie, von Engeln und geistigen Führern begrüßt, die einen schon erwarten, um zu helfen. Sie waren bereits ein Teil jedes irdischen Moments und freuen sich schon auf den Augenblick, in dem man seine sterbliche Hülle ablegt. Sie bereiten sich auf deine Ankunft vor, und all jene, nach denen du dich schon so lange gesehnt hast, werden ganz nah bei dir sein und dich ermutigen, ihre Welt noch näher zu erkunden. Sie werden dafür sorgen, dass sich ein überwältigender Friede und eine unglaubliche Freude in deinem Herzen ausbreiten, und du wirst die vollkommene und natürliche Ordnung in allen Dingen erkennen. Dann wirst du wiedervereint sein und erkennen, dass du durch den Schleier getreten und wieder zu Hause angekommen bist.

Sei sanft zu dir selbst

Dein Herz ist ganz wund und offen von all den Tränen, die du geweint hast, und du bist jetzt ganz besonders empfindsam für alle möglichen Energien. Daher ist es doppelt wichtig, deine Zeit mit sanften Menschen zu verbringen, denen du vertrauen kannst, und dich nur in Situationen zu begeben, in denen du dich sicher fühlst. Nimm dir Zeit für dich, mache ab und zu ein Nickerchen, gönne dir etwas Wellnes und erlaube dir, einfach nur in die Luft zu starren, um nachzudenken und wieder aufzutanken.

Es ist in Ordnung zu weinen

Tränen sind Gottes Geschenk, um unsere Seelen von Schmerz und Verletzungen zu reinigen. Halte deine Tränen nicht zurück – oder es werden sich starke Gefühle in dir anstauen, die sich früher oder später auf ungesunde Art wieder bemerkbar machen werden. Jeder weint, und es ist wichtig, dass du dir selbst die Erlaubnis dazu gibst, sogar wenn der Zeitpunkt gerade ungünstig ist. Deine Tränen machen dich authentisch und zugänglich und zeigen der Welt, dass es okay ist, Trauer zu fühlen und auszudrücken, wenn man traurig ist. Auf diese Weise werden deine Tränen zu einem Zeichen für Stärke und Selbstvertrauen.

Du kannst die Vergangenheit nicht ändern ... lass sie los!

Es ist natürlich, all die Ereignisse, die zu deinem Verlust führten, nochmals durchzuspielen und dich zu fragen, ob du etwas hättest anders machen können. Vielleicht denkst du sogar, dass alles deine Schuld war. Dies nennt man »Verhandeln« – eine ganz normale Phase der Trauer. Doch die Fixierung auf die Vergangenheit bringt weder den geliebten Menschen zurück noch hilft sie irgendjemandem. Dadurch verschwendet man nur Zeit und Energie, die man stattdessen nutzen könnte, um ein Denkmal zu erschaffen oder vielleicht einen Fonds zu eröffnen, sodass andere nicht dieselben Verluste erfahren müssen. Denke für einen Moment darüber nach, wie du den geliebten Menschen ehren möchtest: mit sinnloser Reue oder mit positiven Taten?

Der geliebte Mensch ist nicht verschwunden, sondern nur in einer anderen Dimension

Der Himmel ist nicht irgendwo hoch oben in den Wolken, sondern existiert parallel zur Erde auf einer höheren Schwingungsfrequenz. So wie Rundfunk- und Fernsehsender nebeneinander – jedoch auf unterschiedlichen Bandbreiten – senden, so ist auch dein geliebter Mensch direkt neben dir. Du kannst seine oder ihre Gegenwart als leichtes Vibrieren spüren. Jeder Mensch hat eine individuelle Schwingungsfrequenz – genauso wie jede Schneeflocke einzigartig ist. Wenn du also an den geliebten Menschen denken musst, dann sieh das als Zeichen, dass er oder sie ganz nah bei dir ist.

Schmetterlinge, Vögel und Libellen

Deine Lieben senden dir Zeichen vom Himmel, und dies sind häufig geflügelte Wesen wie Schmetterlinge, Vögel, Libellen oder Falter ... Diese fliegenden Wesen sind Zeichen dafür, dass du geliebt und beschützt wirst und der geliebte Mensch sich im Himmel glücklich und geborgen fühlt. Möglicherweise siehst du sogar einen ganz bestimmten Vogel oder Schmetterling, der dem geliebten Menschen besonders wichtig war – in diesem Fall kannst du dir wirklich ganz sicher sein, dass er oder sie dir damit seine immerwährende Liebe und Gegenwart zeigen möchte.

Lieder der Liebe

Wenn du ein besonderes Lied hörst, dass dich an den geliebten Menschen erinnert, dann erlaube dir selbst, eine Zeit lang innezuhalten, deine Augen zu schließen und einfach nur zu atmen. Da Musik immateriell ist, bildet sie eine Art Brücke zwischen Himmel und Erde. Lieder werden dir daher als Botschaften der Liebe gesandt. Wenn ein Lied dich so sehr berührt, dass du weinen musst, dann lass die Tränen fließen ... selbst wenn es gerade ungünstig ist oder irgendwie peinlich, Gefühle zu zeigen. Musik öffnet das Herz, sodass du die Liebe des Himmels spüren kannst, die sich über dich ergießt und die dir dadurch versichert, dass deine Liebe lebendig ist.

»Zusammen werden wir damit fertig«

Von ihrer Seite des Schleiers kommen die spirituellen Wesen ganz nah zu dir und teilen jeden deiner Wünsche und Träume. Sie können deine Gedanken ganz klar hören und werden versuchen, dich zu deinem Besten zu beeinflussen. Sie werden bei jedem Schritt bei dir sein und dabei versuchen, dich wissen zu lassen, dass es nicht vorbei ist – sondern nur anders. Sie werden alle möglichen Situationen in dein Leben bringen, um dich daran zu erinnern, dass sie bei dir sind und dass niemand allein ist.

Im Tod gibt es keinen Schmerz

Als Menschen müssen wir anfangen zu verstehen, dass man sich vor dem Tod an sich nicht fürchten muss. Das Austreten der Seele aus ihrer sterblichen Hülle ist nämlich schmerzlos. Durch unzählige Nahtoderfahrungen gilt dies inzwischen als erwiesen. Man erfährt statt Schmerz ein unmittelbares Gefühl der Freiheit. Die Seele durchlebt nicht länger die physischen Unannehmlichkeiten, die sie erleiden musste, als es auf das Ende zuging. Jeder Tod ist eine extrem freudige Geburt in eine höhere Dimension des Daseins und der Erkenntnis.

Den Schmerz loslassen

Ein Teil der menschlichen Erfahrung und des Lernens in dieser »Erdenschule« besteht aus extrem schwierigen Lektionen. Trauer ist eine der schwierigsten. Wenn wir jemanden verlieren, so verursacht uns das unsagbaren Schmerz und stellt uns zugleich vor viele Herausforderungen. Aber als Seele dürfen wir niemals vergessen, dass diese schwierigen Lektionen auch diejenigen sind, durch die wir uns spirituell weiterentwickeln. Der Schmerz definiert dich nicht; er beweist nur deine Liebe. Unterdrücke ihn nicht, da du diesen Prozess durchlaufen musst, um diese Erfahrung auch ganz verarbeiten zu können.

Unglaube und Schock

Du fühlst dich wahrscheinlich wie ein Fremder in einem fremden Land. Deine gesamte Welt liegt in Scherben, und keiner kann sie wieder »zusammenkleben«. Vielleicht kommt es dir sogar so vor, als ob du nur noch wie ein Roboter durch dein Leben gehst – mechanisch und gefühlstot. Unglaube und Schock gehen Hand in Hand. Weil wir uns so sehr an gewisse Menschen und Muster in unserem Leben gewöhnt haben, können und wollen wir es meist nicht glauben, wenn sich etwas ändert. Manchmal leugnen wir es sogar für eine Weile ganz, weil wir auf diese Weise versuchen, diese neue Situation nicht real werden zu lassen. All diese Reaktionen sind völlig normal. Denke daran, jeden Tag so zu nehmen, wie er kommt – in dem Bewusstsein, dass du noch immer sehr empfindlich wegen der veränderten Umstände bist.

Nach einem Verlust erkennt man seine wahren Prioritäten

Wenn wir jemanden verlieren, werden wir dadurch gezwungen, unser Leben neu zu überdenken und uns daran zu erinnern, was wirklich wichtig für uns ist und was nicht. Nutze diese Erfahrung, um dich in deiner Welt umzusehen und zu erkennen, wer dich unterstützt und wer nicht. Gibt es etwas in deinem Leben, das du schon seit Ewigkeiten erreichen wolltest, aber das du noch immer nicht geschafft hast? Dies ist eine Zeit der Neuanfänge. Deine neu gewonnenen Einsichten verhelfen dir zu mehr Achtsamkeit und erinnern dich daran, dass wir nur von geborgter Zeit auf dieser Erde leben und eines Tages nach Hause zurückkehren werden. Es ist wichtig zu wissen, dass es einzig und allein zählt, wie viel Liebe wir anderen geschenkt haben.

Wut gehört zum Menschsein dazu

Es ist ganz normal, sich machtlos und ohne Kontrolle zu fühlen, wenn man eine Verlusterfahrung durchlebt. Denn der Tod ist etwas, das wir nicht kontrollieren können. Wir wünschen uns, dass wir etwas getan hätten, um das Unvermeidliche zu verhindern. Oftmals richten wir unsere Wut gegen diejenigen, von denen wir glauben, dass sie dieses unwillkommene Ereignis hätten verhindern können – sogar gegen Gott! Wir werden auch wütend auf uns selbst, wenn wir glauben, dass wir das Ganze hätten aufhalten können, wenn wir nur irgendetwas getan hätten. Doch das Letzte, was sich der geliebte Mensch wünschen würde, wäre, dass du deine Wut auf dich selbst richtest.

Verwirrung ist normal

Nichts ergibt einen Sinn, und du kannst nicht mehr klar denken, denn dieses Ereignis hat dich ganz plötzlich erwischt. Nein, du wirst nicht verrückt – jeder, der eine schmerzhafte Verlusterfahrung durchmacht, erlebt das so. Vielleicht lässt deine Erinnerung dich im Stich, du verlierst Zeit, oder du vergisst sogar, wer du bist! Das wird sich aber langsam wieder geben, während die Tage und Monate verstreichen. Doch am Anfang wirkt es wie »alles oder nichts«. Es ist ganz wichtig, daran zu denken, dass du damit nicht alleine dastehst. Jeden Tag machen Tausende von Menschen die gleichen Erfahrungen wie du. Vielleicht sprichst du sogar mit ihnen und bittest um Hilfe, und letztendlich wird wieder etwas Normalität in dein Leben einkehren.

Trauer ist eine unkontrollierbare Achterbahnfahrt

Gefühle wie Trauer können zur reinsten Achterbahnfahrt werden: Man weiß nie, wann eine Kurve kommt oder wie tief es abwärtsgeht. Es passiert plötzlich und ist sehr angsteinflößend – und man fühlt sich, als hätte man völlig die Kontrolle verloren. Im einen Augenblick lächelt man noch, und im nächsten muss man schon unkontrollierbar schluchzen. Leider ist Trauer schon von Natur aus »außer Kontrolle« und voll von überraschenden Emotionen und Reaktionen, die von Zeit zu Zeit hochkommen. Es ist am wichtigsten, daran zu denken, dass man stark ist und diese Achterbahnfahrt auch irgendwann ein Ende haben wird.

»Ich hätte nie gedacht, dass ich je so traurig sein könnte«

Traurigkeit ist eine der stärksten Emotionen, die man nach einem Verlust fühlt. Die Reise der Traurigkeit kann uns wirklich tief in die Abgründe von Verzweiflung und Depression stürzen. Wir haben das Gefühl, als könnten wir nie wieder da herauskommen, und keiner kann diese Erfahrung mit uns teilen. Wir fühlen uns isoliert. Wir sehen ein, dass wir den geliebten Menschen nie wieder sehen und auch keine zärtlichen Momente mehr mit ihm teilen werden. Wir denken über unsere eigene Sterblichkeit nach und stellen uns immerzu die Frage: Warum? Doch trotz all des Kummers müssen wir auch erkennen, dass wir noch immer am Leben sind und daher noch immer einen Zweck zu erfüllen haben. Ehre den geliebten Menschen, indem du das Versprechen abgibst, deinen Lebenszweck zu erfüllen. Ersetze die Traurigkeit durch etwas, das dir Freude bereitet.

Die Leute sagen die merkwürdigsten Sachen

Das unbeliebteste Thema für die meisten Menschen ist der Tod. Er ist ihnen unangenehm, weil die meisten davor Angst haben. Viele werden dir sagen, dass sie verstehen, was du durchmachst, aber in Wahrheit können sie das gar nicht richtig. In dem Versuch, deine Stimmung zu verbessern, machen manche Leute vielleicht ziemlich unsensible Bemerkungen. Obwohl das, was sie gesagt haben, unangebracht war, versuchen sie damit jedoch, dir zu helfen, da sie sich nichts mehr wünschen, als dass es dir wieder besser geht und alles zur Normalität zurückkehrt. Denke einfach daran, dass ihre Motivation von einem Ort der Liebe herrührt. Denn selbst Leute, die dich lieben, können sich manchmal merkwürdig verhalten.

»Ich bin zu sensibel ... ich halte das nicht aus«

Während des Trauerprozesses denkst du vielleicht, dass du das alles nicht mehr aushalten kannst! Jede Reaktion und Situation erscheint um ein Vielfaches vergrößert. Nichts ist mehr, wie es war. Du bist superempfindsam und bei jedem immer »auf der Hut«, der in deine Nähe kommt und versucht, etwas zu verändern. Das ist normal. Du brauchst jetzt Geborgenheit und Sachen, die dir vertraut sind. Beschäftige dich mit Dingen, die du liebst und die wieder ein Gefühl der Kontrolle in dein Leben bringen.

Vielleicht ist es an der Zeit zu lernen, wie man um Hilfe bittet

Trauer bringt uns oftmals wieder in Erinnerung, dass es immer gut ist, um Hilfe zu bitten. Manchmal sind zwei Menschen einfach besser als einer. Selbst wenn es nur ums Zuhören geht – es hilft doch ungemein. Denke nie, dass du das alles ganz allein schaffen musst, denn das ist nicht der Fall. Echte Freunde sind immer bereit, für dich da zu sein, aber manchmal musst du zuerst das Gespräch suchen. Und indem du das tust, wirst du merken, dass deine Freundschaften sich dadurch noch weiter festigen. Denke auch daran, dass du so der anderen Person eine Möglichkeit bietest, um zu wachsen und ebenfalls an dieser Erfahrung teilzuhaben.

Das, wovon du denkst, dass es das Ende ist, ist in Wirklichkeit bloß der Anfang

Die größte Illusion dieser Welt ist der Tod. Wir denken, dass unsere Lieben nun für immer verschwunden sind, und physisch mag das auch der Fall sein, doch spirituell gesehen, hat ihre Reise gerade erst begonnen. Sie sind nun leichter und viel aufnahmefähiger, als es ihnen hier je möglich gewesen wäre. Nun können sie uns helfen, indem sie uns beeinflussen, das zu tun, was für unsere Seelennatur am besten ist. Durch ihren Fortgang aus unserer Welt werden wir gezwungen, uns die großen Fragen des Lebens zu stellen, und einfach indem wir hartnäckig bleiben, werden wir merken, wie uns das Leben auf einen hell erleuchteten Weg des Verstehens führt – zu Erkenntnissen die wir nie zuvor für möglich gehalten hätten.

Die wahre Natur der Seele ist nicht von dieser Welt ...

Wir sind zuallererst spirituelle Wesen, die eine körperliche Erfahrung machen. Als Seelen, die der Erde einen Besuch abstatten, unternehmen wir den Versuch, unser spirituelles Erbe in menschlichen Erfahrungen zu nutzen. Zu unserer Mission gehört es, sich an die Seelensprache der Intuition zu erinnern. Mit dieser Einsicht öffnen wir die Tür zum Licht der göttlichen Quelle, und diese Energie wird jeden Aspekt unseres Lebens verwandeln. Indem wir mehr in Einklang mit unserer Seelennatur kommen, sind wir besser gerüstet, um die Hürden zu verstehen, die diese Welt uns in den Weg stellen wird.

Manchmal muss man stolpern, um wieder aufrecht stehen zu können

Nichts im Leben ist perfekt, nicht einmal der Tod. Er besucht uns meist zu den ungünstigsten Zeitpunkten und kann unser Leben zweifellos total verwüsten. Fast immer bringt er uns emotional an unsere Grenzen, und wir verlieren völlig den Halt. Jede neue Situation ist eine Lernerfahrung, durch die wir uns langsam und vorsichtig durchbewegen müssen. Das gilt auch für Trauer. Sie haut uns um und zieht uns den Boden unter den Füßen weg, doch letztendlich werden wir wieder aufstehen – bereit für ein neues Leben.

Je härter die Herausforderungen, desto mehr müssen wir uns anstrengen, diese auch zu bestehen

Trauer ist besonders anfangs eine zutiefst erschütternde Erfahrung. Und da unsere Welt im Nu völlig aus den Fugen gerät, greifen wir nach jedem Strohhalm, um mit all dem Chaos irgendwie fertigzuwerden. In den dunkelsten Stunden unseres Lebens erscheint es, als ob wir dazu gezwungen werden, in den tiefsten Kern unseres Wesens einzudringen, um eine Stärke zu entdecken, die wir zuvor nicht gekannt haben. In dir liegt ein Schlüssel zu den schwierigsten menschlichen Dramen verborgen. In deinem Herzen warten manchmal Seelenerfahrungen aus unzähligen Leben auf dich, von denen du zehren kannst, wenn du mit den härtesten Herausforderungen des Lebens konfrontiert wirst.

Heilende Erinnerungsstücke

Vielleicht findest du Trost darin, ein Andenken in den Händen zu halten, das dich an die geliebte Person erinnert. Das kann ein Kleidungsstück mit dem einzigartigen Duft oder der Energie dieses Menschen sein oder ein Gegenstand, den ihr zusammen gekauft habt. Oder du schläfst sogar mit diesen Erinnerungsstücken, um dich dem geliebten Menschen nahe zu fühlen. Obwohl so ein Andenken den geliebten Menschen nicht körperlich zurückbringt, kann es dich jedoch wieder mit eurer ewigen Liebe vereinen und dem Bund, den ihr für immer miteinander teilen werdet.

Tanze mit dem geliebten Menschen

Höre deine Lieblingsmusik, schließe die Augen, und tanze mit dem geliebten Menschen! Du wirst seine oder ihre Gegenwart ganz nah bei dir spüren, während ihr beide die Gelegenheit genießt, durch die heilende Brücke der Musik zusammen zu sein.

Feiertage können immer noch etwas Besonderes sein

Der geliebte Mensch wird immer noch bei allen Feiertagen und zu besonderen Gelegenheiten anwesend sein, und du kannst den Tag sogar noch magischer machen, indem du sein Leben und seine Erinnerung ehrst. Fülle zum Beispiel eine Schachtel mit Liebe und Gebeten, und lege sie unter den Weihnachtsbaum. Ihr beide könnt sie feierlich »zusammen« auspacken, und du wirst dabei die Freude und Wertschätzung des geliebten Menschen spüren. Andere Ideen: Reserviere einen Stuhl bei einer Abschlussfeier oder einer Hochzeit. Feiere den Geburtstag der betreffenden Person.

Wenn du es am wenigsten erwartest …

… dann wird dich etwas an den geliebten Menschen im Himmel erinnern. Vielleicht entdeckst du seinen oder ihren Namen in einer E-Mail – oder plötzlich läuft ein Film, den ihr beide zusammen gesehen habt. Wisse, dass dies liebevolle Zeichen des Himmels sind.

Was hattet ihr euch zusammen vorgenommen?

Habt ihr beide von einer Mittelmeerkreuzfahrt geträumt? Hattet ihr euch vorgenommen, euch den Französischkurs anzuhören, den ihr zusammen gekauft habt? Wolltet ihr endlich einmal eure ganzen Familienfotos ordnen? Diese Sachen kannst du alle immer noch machen. Dadurch kann man seine Liebe sogar auf eine ganz neue Weise zum Ausdruck bringen. Dein Leben geht weiter, und der geliebte Mensch würde sich wünschen, dass sich dein Herz mit der Freude füllt, die man verspürt, wenn man seinen Träumen folgt. Ob du nun einen guten Freund auf diese Kreuzfahrt einlädst oder alleine reist – wisse, dass der geliebte Mensch dich dabei begleiten wird.

Die geliebten Menschen ehren

Deine Freunde und deine Familie im Himmel wissen es zu schätzen, wenn du sie durch wohltätige Dinge ehrst. Wenn du einen Baum pflanzt, einen Stern nach ihnen benennst, etwas spendest oder eine Stiftung ihnen zu Ehren gründest, dann sorgst du dafür, dass ihre Essenz und die Erinnerung an sie weiterleben dürfen und so anderen helfen können.

Kreative Heilung

Du fühlst dich vielleicht verwirrt von all den unterschiedlichen Gefühlen, die nun nach deinem Verlust auf dich einströmen – unter anderem Wut, Fassungslosigkeit, Schock, Schuld und Angst. Diese Emotionen sind kraftvolle Energien, die ein Ventil brauchen, sodass sie sich nicht tief in dir in ungesunder Weise ansammeln. Eine wunderbare Art, um aufgestaute Emotionen herauszulassen, ist die kreative Betätigung – also Schreiben, Basteln, Malen, Poesie, Musik, Tanzen oder das Arrangieren von Blumen. Auch wenn dir vielleicht nicht danach ist, dich künstlerisch zu betätigen, solltest du daran denken, dass schon viele Meisterwerke entstanden sind, wenn Künstler ihre Ängste und ihren Kummer in ihre Schöpfungen miteinfließen ließen.

Mit Familienmitgliedern zurechtkommen

Jeder geht anders mit Trauer um, und manchmal können trauernde Menschen sehr verletzend sein, weil sie selbst so verletzt sind. Deine eigenen Familienmitglieder fangen vielleicht an, sich um das Erbe zu streiten, über Grundstücksangelegenheiten oder wegen des Trauerarrangements. Doch bevor man sich in die Streitigkeiten einmischt oder Partei ergreift, sollte man sich fragen, wie viel einem diese Dinge eigentlich wirklich bedeuten. Vielleicht erkennst du so auch, dass Wut eine Reaktion auf Trauer darstellt und dass es die Sache nicht wert ist, den Verlust der Familie durch Zank und Streit noch zu vergrößern.

Mach mal Pause von der Traurigkeit

Anfangs kann es tröstlich sein, Lieder zu hören, die dich an den geliebten Menschen erinnern – du fühlst dich ihm oder ihr dadurch näher. Das Gleiche trifft auf das Betrachten von Fotos und von anderen Erinnerungsstücken zu. Aber ab einem gewissen Punkt können dich diese sentimentalen Dinge in eine Spirale der Traurigkeit hineinziehen – spätestens dann solltest du eine Kummerpause einlegen. Erlaube dir in diesen Momenten, die Fotos wegzuräumen (selbst wenn es nur vorübergehend ist), und konzentriere dich auf Sachen, die dein Herz und deine Seele erfreuen, wenn du sie anschaust. Du kannst die Erinnerungsstücke ja jederzeit später wieder hervorholen, wenn du dich stärker und heiler fühlst.

Pflanze und jäte mit Liebe

Einen Baum zu pflanzen, Blumen auszusäen oder vielleicht sogar einen ganzen Garten in Gedenken an den geliebten Menschen anzulegen – all dies ehrt die Erinnerung an eure Beziehung auf eine ganz besonders schöne Weise. Gärtnern an sich ist schon therapeutisch, und außerdem kannst du die Gegenwart des geliebten Menschen und dessen Botschaften draußen in der Natur viel deutlicher fühlen und verstehen.

Du musst das nicht alleine machen

Es gibt sowohl vor Ort als auch im Internet Trauergruppen, von denen du Unterstützung erhalten kannst. Wenn du das Gefühl hast, dass du unfähig bist, mit deinem Leben weiterzumachen, dann wende dich bitte an Profis und Menschen, die ähnliche Verlusterfahrungen wie du durchlitten haben. Sie werden dich verstehen. Sie werden sich um dich kümmern. Sie werden für dich da sein.

Der Verlust verändert alles

Manchmal ist eine Tragödie vonnöten, um unsere Herzen für das wirklich Wichtige im Leben zu öffnen. Deine Trauer lässt dich alles infrage stellen, und du wirst versucht sein, dein Leben äußerst drastisch zu ändern. Es ist sehr gesund, die Dinge neu zu überdenken, denn ein Verlust hilft dabei, sich an seine wahren Prioritäten zu erinnern. Dennoch solltest du aufpassen, keine zu voreiligen und waghalsigen Entscheidungen zu treffen, die dir vielleicht nur durch deine große Trauer in den Sinn kamen. Wenn du dich allerdings in zwei, drei Monaten noch immer nach großen Veränderungen sehnst, dann weißt du, dass deine Gefühle diesbezüglich echt und realistisch sind.

Lass deine Schuld-
gefühle los

Es ist normal, sich schuldig zu fühlen, nachdem ein geliebter Mensch gestorben ist, da man sich unweigerlich fragt, ob man etwas hätte anders machen können. Du fühlst dich vielleicht auch schuldig wegen einiger Gedanken und Gefühle, die in dir aufsteigen. Vielleicht bist du wütend auf die betreffende Person, weil sie dich verlassen hat oder sich nicht besser um die eigene Gesundheit gekümmert hat … und diese Gefühle führen vielleicht dazu, dass du dich schuldig fühlst, wenn es dir unangenehm ist, auf jemandem im Himmel zornig zu sein. Doch es ist vollkommen normal und verständlich, dass du dich deiner neuen Situation mit Widerstand und Unmut anpasst. Dennoch solltest du versuchen, diese kraftvollen Emotionen nicht in deinem Inneren zu verstecken und festzuhalten. Sprich mit dem Himmel über all deine Gefühle, und vertraue darauf, dass alles, was du fühlst, zu deiner Heilerfahrung gehört.

Die Engel lieben dich

Dir stehen genau in diesem Augenblick Schutzengel zur Seite, die dich bedingungslos lieben. Diese himmlischen Geschöpfe sind Abgesandte unseres Schöpfers, und zwar für jeden von uns. Du kannst mit deinen Engeln über alles sprechen, und sie werden dich in keinster Weise verurteilen. Die Engel bieten dir Hilfe bei deinen Gefühlen an, bei Schlafproblemen, in Gesundheitsangelegenheiten und für alle Aspekte, die deinen Verlust betreffen. Doch wegen des Gesetzes des freien Willens sind sie nur dann in der Lage, dir zu helfen, wenn du sie darum bittest. Und es spielt dabei keine Rolle, wie du sie bittest, sondern nur, dass du es tust. Die Engel arbeiten mit der unendlichen göttlichen Weisheit, um wundervolle Lösungen zu ermöglichen, sodass du dich nicht darum kümmern musst, wie deine Anfragen beantwortet werden. Bitte einfach nur um Hilfe, und vertraue darauf, dass Gott und die Engel dich auf göttlich vollkommene Art unterstützen werden.

Schlaf und Heilung

Eine Verlusterfahrung führt oft zu einem stark veränderten Schlafrhythmus, und du fragst dich wahrscheinlich, ob du jemals wieder richtig durchschlafen wirst. Keine Sorge, das wirst du. Direkt nach dem Verlust ist es ganz normal, ständig aufzuwachen oder von Albträumen geplagt zu werden. Das gehört zum Heilungsprozess deines Unterbewusstseins, das sich auf diese Weise von tief sitzenden Ängsten vor dem Tod, vor Verlusten und vor dem Verlassenwerden befreit. Widerstehe der Versuchung, dich selbst mit Medikamenten und Alkohol zum Einschlafen zu bringen, denn das wird dir nicht dabei helfen, die Ruhe und den Frieden zu erlangen, nach denen du suchst. Durch eine gesunde Lebensweise und die Konfrontation mit deinen Ängsten, wenn du wach bist (mithilfe eines Beraters oder Therapeuten, wenn möglich), wirst du allmählich wieder zu einer gesunden, erholsamen Nachtruhe finden.

Beunruhigende Gedanken

Wenn du jemanden verlierst, der dir alles bedeutet hat, dann möchtest du vielleicht ohne diese Person nicht mehr weitermachen. Du bekommst dann wahrscheinlich dunkle Gedanken darüber, wie du dem geliebten Menschen in den Himmel folgen kannst. Ab und zu sind solche Gedanken ganz normal, aber wenn du bereits Pläne schmiedest, um dir etwas anzutun ... dann höre auf damit, und suche dir umgehend professionelle Hilfe. Dein Lebenszweck ist noch nicht erfüllt, und deine Familie braucht dich. Und wenn es an der Zeit ist zu gehen, wirst du all deine Lieben im Himmel wiedertreffen. Versprochen!

Achte auf deine Energiereserven

Trauer ist eine der anstrengendsten Erfahrungen überhaupt, daher ist es kein Wunder, dass du ständig müde bist. Wenn deine Begeisterung für das Leben verschwunden ist und du Schwierigkeiten hast, aus dem Bett zu kommen, dann bist du damit nicht allein. Das ist nun mal so, wenn man jemanden verliert, der einem so viel bedeutet. Man möchte sich dann nur noch im Bett verstecken, damit man nicht schon wieder einen Tag ganz allein durchleben muss. Ehre diese Gefühle! Fühle dich nicht schuldig, wenn du dich mal ein oder zwei Tage lang einfach nur ausruhst. Dennoch wird es deine Stimmung anheben, wenn du dich dazu zwingst, zu duschen, dich anzuziehen und aus dem Haus zu gehen. Auch wenn du vielleicht noch nicht so weit bist, dich wieder in Gesellschaft zu wagen, so kann es wahre Wunder bewirken, in einen Park zu fahren, um dort die Vögel zu füttern oder einfach nur etwas Sonne zu tanken und frische Luft zu schnappen.

Fokus und Konzentration

Die Verwirrung, die du fühlst, ist ein Teil der »Neuorganisation«, die zum Prozess der Trauerarbeit gehört. Du hast wahrscheinlich mit Vergesslichkeit zu kämpfen und Schwierigkeiten damit, selbst einfache Sachen zu erledigen. Nimm dir also bei allem, was du tust, genügend Zeit, selbst wenn es dir so vorkommt, als würdest du dich in Zeitlupe bewegen. Schreibe dir Listen als Erinnerungshilfen, und platziere Dinge, die du brauchst, wenn du aus dem Haus gehst, immer in Türnähe. Lege deine Autoschlüssel, deine Kreditkarten und deine Brille immer an die gleichen Stellen, damit du sie leicht finden kannst. Und denke daran, dass all dies nur eine vorübergehende Reaktion auf eine sehr ernsthafte Veränderung in deinem Leben ist, die du gerade durchmachst. Habe daher etwas Mitgefühl für dich selbst, wann immer du vergesslich bist, und sage dir, dass du alles so gut machst, wie du es eben im Augenblick kannst.

Dieser Verlust zieht möglicherweise andere Verluste nach sich

Es ist sehr wahrscheinlich, dass nun auch unverarbeitete Trauer aus früheren Verlusterfahrungen wieder hochkommt. Das vermischt sich mit deinen jetzigen Gefühlen und verstärkt diese noch. Deine Emotionen fahren daher nun Achterbahn und machen, was sie wollen. Das zeigt dir, dass es an der Zeit ist, sich ein für alle Mal mit deinen Gefühlen in Bezug auf die großen Verluste in deinem Leben auseinanderzusetzen. Es ist so, als würde man endlich seinen Schrank von oben bis unten aufräumen oder die Garage – nicht gerade eine Beschäftigung, die wahnsinnig viel Spaß macht, aber eine, die notwendig ist, um den Überblick zu behalten. Zum Glück gibt es viele qualifizierte Trauerbegleiter, die dich bei diesem Prozess begleiten können. Oder vielleicht hast du sogar jemanden in deinem Freundeskreis, dem du vertraust und der den heilenden Weg aus der Trauer kennt.

Wenn wir Trauer vermeiden, dann vermeiden wir das Leben

Verluste gehören zum Leben, und keiner ist gegen die daraus entstehende Verwüstung und den emotionalen Aufruhr immun. Das Beste, was du nun für dich tun kannst: Sei präsent in deiner Trauer, und versuche, jeden Aspekt davon bewusst zu erleben. So schmerzhaft dir jetzt auch alles erscheint – in Zukunft wirst du fähig sein, zurückzublicken und zu verstehen, wie diese Erfahrung dir auch zu einigen positiven Einsichten verholfen hat. Wenn wir Schmerz oder Trauer vermeiden, dann beeinflusst das unser Leben auf eine Weise, die wir uns nie hätten vorstellen können.

Lebe in Liebe und nicht in Angst

Wenn wir uns von unserem physischen Körper loslösen, dann fühlen wir unmittelbar die universelle Liebe in jedem kleinen Partikel des Lebens. Wir verstehen, wie unsere früheren Ängste unseren Blickwinkel begrenzt und uns von so mancherlei Erfahrung abgeschnitten haben. Lass dich durch deinen Verlust daran erinnern, dass du ein ewiges Wesen der Liebe bist und dich vor überhaupt nichts fürchten musst.

Denke schöne Gedanken, denn die geistige Welt kann diese sehen

Wir erschaffen durch unsere Gedanken immerfort unsere Realität. Und niemand kann das besser verstehen als unsere Lieben im Jenseits. Denke daran, dass ihnen immer bewusst ist, was du mit deinen Gedanken kreierst ... sei daher stolz auf die Gedanken, die du in die geistige Welt aussendest.

Öffne deine Augen für das Licht der geistigen Welt

Versuche, deine Augen während des Tages auf schönen Dingen ruhen zu lassen. Das könnte eine Blume sein, eine Landschaft oder eine Wolkenformation – alles, was irgendwie mit der Natur zu tun hat – und versuche, dir nur für ein paar Momente darüber bewusst zu werden, dass der geliebte Mensch dabei von goldenem Licht umhüllt neben dir steht. Der beste Teil dieser Person sieht den besten Teil von dir.

Warte nicht mit deiner Trauer ... lass sie raus

Es ist äußerst wichtig für dein zukünftiges Wohlbefinden, dass du dir selbst erlaubst, sofort zu trauern, wenn dein Verlust noch ganz frisch ist. Aber versuche auch nicht, die Sache ganz schnell hinter dich zu bringen. Lass es fließen, mache alles nach deinem eigenen Tempo. Du solltest dir nie Sorgen machen, was andere darüber denken, wenn du weinst oder völlig aufgewühlt bist. Das ist nicht dein Problem, und Trauer ist eben eine extrem persönliche und gesunde Erfahrung.

Liebe ist, wo das Herz ist

Die Erinnerungen, die du dir mit dem geliebten Mensch in deinem Leben erschaffen hast, leben nun auf ewig in deinem Herzen. Erinnerungen bleiben für immer bei dir; sie können niemals verschwinden! Sie sind stets für dich da, damit du dich an ihnen erfreuen kannst. Erinnere dich also an all die wundervollen, glücklichen und einzigartigen Momente, die ihr zusammen geteilt habt, und erlebe sie immer wieder aufs Neue.

Nutze diese Erfahrung als Chance für Veränderungen

An jedem Tag schenkt uns das Leben Momente, um zu reflektieren, um in uns zu gehen und uns zu entscheiden, ob wir immer noch so weiterleben möchten ... oder ob wir die notwendigen Veränderungen vornehmen wollen, um unser Leben in dieser Welt zu bereichern. Schaue dir die Möglichkeiten genau an, die dir dieser Verlust aufzeigt, und nutze diese Gelegenheiten auch. Du bekommst nie wieder die Chance, in derselben Situation wie jetzt zu sein.

Versuche, in jedem Unglück einen Schatz zu entdecken

Das Sprichwort »Auf Regen folgt Sonnenschein« entspricht der Wahrheit. Jede Erfahrung, die wir als »negativ« oder traurig ansehen, enthält auch das genaue Gegenteil. Oftmals werden unsere Seelen getestet, um zu sehen, ob wir in der Lage sind, verborgene Schätze zu finden.

Vergebung ist immer möglich

Wenn wir jemanden verlieren, fühlen wir uns oftmals dazu gezwungen, diesem Menschen oder anderen zu vergeben – und manchmal sogar den Umständen, unter denen dieser Mensch starb. Vergebung ist wirklich ein Geschenk, das du dir selbst gibst ... denn durch diesen Akt befreist du dich von Groll und Rachegelüsten. Natürlich wirst du das Erlebte wahrscheinlich nie vergessen, aber indem du vergibst, hat es keine Macht mehr über dich, und du kannst damit anfangen, dich auf die positiveren Aspekte des Lebens zu konzentrieren.

SEI OFFEN, DAMIT DU EMPFANGEN KANNST

In Zeiten des Verlustes ist es wichtig, sich daran zu erinnern, dass andere Menschen wesentlich zu deiner Heilung beitragen können. Lass dir helfen, lass zu, dass man sich um dich kümmert, und tausche dich mit anderen aus. Oftmals versteht man seine Trauer durch das Mitgefühl und die Zuwendung anderer viel besser und kann auch alles leichter verarbeiten. Jeder versteht die Tragweite einer Verlusterfahrung – daher weißt du nie, wer genau in der Lage ist, die richtigen Worte auszusprechen, die du hören musst, damit es dir leichter ums Herz wird.

Friedvolle Gedanken sind glückliche Gedanken

Jeden Tag werden wir mit äußeren Reizen überflutet. Es gibt heutzutage einfach viel zu viele Dinge, die unsere Gedanken beherrschen. Und je mehr Sachen uns beschäftigen, umso weniger inneren Frieden verspüren wir. Friedvolle Gedanken stimmen gelassen, glücklich und auch produktiver. Versuche einfach mal, so gut du kannst, nicht so viel zu »denken«. Stelle alle Telefone ab, schließe deine E-Mails, und versuche auch, nicht mehr so viel zu reden. Bringe deinen Geist in einen Zustand der Ruhe und Gelassenheit.

Deine spirituelle Familie steht ganz dicht neben dir

Nur weil der geliebte Mensch nun in eine höhere Dimension übergetreten ist, heißt das nicht, dass er oder sie dich vergessen hat oder nicht mehr an deinem Leben interessiert ist. Ganz im Gegenteil. Mithilfe ihres spirituellen Körpers ist die betreffende Person in der Lage, einfach durch die Kraft der Gedanken zu dir zu reisen. Das Bewusstsein, das die geliebte Person über dich und deine Wünsche hat, ist um ein Vielfaches größer, und sie wird auch weiterhin dein Leben mit dir teilen – nur eben auf eine andere Art und Weise.

Die Erde ist das Klassenzimmer der Seele

Die Erde ist eine der vielen Schulen, die sich unsere Seele aussuchen kann, um die verschiedensten Lektionen für die spirituelle Weiterentwicklung zu lernen. Vergebung, Mitgefühl und natürlich die Liebe können einige der schwierigsten Lektionen sein, wenn man darin Meisterschaft erringen will. Aber wenn wir diese drei erst einmal richtig verstanden haben, werden wir schnell zum Klassenbesten. Und außerdem: Wenn es keine Herausforderungen bei unserer Entwicklung gäbe, wäre es ja auch total irrsinnig, überhaupt in diese Schule zu gehen.

Karma ist keine Strafe

Leider wird der Begriff »Karma« inzwischen meist nur noch mit negativen Dingen assoziiert, und die richtige Bedeutung kennt kaum noch jemand. Karma ist nämlich eigentlich das Bewusstsein dafür, dass wir persönlich für alles verantwortlich sind, was wir in dieser Welt tun oder erschaffen. Karma ist ein direktes Ergebnis unserer Gedanken und Handlungen. Stelle dir Karma als »energetische Weisheit« vor, die dafür sorgt, dass du genau die Energie selbst erfährst, die du abgibst. Wenn du also Liebe ausstrahlst, dann bekommst du auch Liebe zurück. Karma kann also gut oder schlecht sein – je nachdem, wie du dich entscheidest, es zu nutzen.

Die geistige Welt denkt sich deine Träume aus

Begegnungen in Träumen gehören zu den beliebtesten Methoden unserer verstorbenen Lieben, um uns wissen zu lassen, dass sie immer noch bei uns sind. Diese Träume unterscheiden sich deutlich von denen, die du normalerweise hast. Sie erscheinen uns oft sehr »real«, und zwar auf emotionaler und physischer Ebene. Das kommt daher, dass sie es auch sind. Unsere eigenen spirituellen Körper »treffen« sich mit unseren Lieben auf der anderen Seite – während wir schlafen! Meistens sind wir nicht in der Lage, uns bewusst an diese Träume zu erinnern – aber wenn wir es können, dann begreifen wir, wie stark unser liebevoller Bund immer noch ist.

Du bist niemals wirklich bereit dafür

Egal ob dein Verlust plötzlich geschah oder du ihn nach langer Krankheit schon erwartet hast – du bist niemals wirklich bereit dafür, dich von der physischen Präsenz eines geliebten Menschen für immer zu verabschieden. Und selbst wenn du weißt, dass diese Person nun an einem besseren Ort und ohne Schmerzen ist, so tut es doch immer noch weh, wenn dir plötzlich wieder einfällt, dass du nicht mehr einfach dein Telefon zur Hand nehmen und sie oder ihn anrufen kannst, wenn dir danach ist. Nun musst du bis zum Ende deines Lebens warten, um ihn oder sie wiederzusehen. Doch die gute Nachricht ist, dass der geliebte Mensch dich sieht und ganz oft in deinen Träumen besucht, wenn du Hilfe brauchst oder dich mit Aktivitäten beschäftigst, die ihr früher zusammen gemacht habt. Gehe behutsam mit dir und deinen Gefühlen um, denn das, was du durchmachst, gehört zum Heilungsprozess dazu.

VERRENNE DICH NICHT IN IRGENDETWAS

Während des Trauerprozesses starrst du vielleicht viel ins Leere, völlig in Gedanken an den geliebten Menschen im Himmel versunken. Vielleicht grübelst du aber auch zwanghaft darüber nach, ob der geliebte Mensch leiden musste, als er starb. In Gedanken gehst du jedes noch so kleine Detail durch, um die Wahrheit herauszufinden. Leider bringt dir dieses ständige Nachdenken weder den geliebten Menschen zurück noch den inneren Frieden, nach dem du dich sehnst. Zwangsgedanken sind eine echte Abwärtsspirale, die nur noch mehr Negativität anzieht. Der geliebte Mensch im Himmel würde nicht wollen, dass du dich auf negative Dinge konzentrierst. Er oder sie wünscht sich eher, dass du dein Leben so sehr genießt wie möglich. Bitte gib deine Sorgen, Ängste und Befürchtungen an Gott und die Engel durch Gebete wie dieses ab: *»Lieber Gott, bitte hilf mir, meine Ängste und Sorgen loszulassen und den geliebten Menschen zu ehren, indem ich mein Leben in vollen Zügen lebe.«*

»Vielleicht hätte ich …« und andere Gedanken der Reue

Bitte verurteile dich nicht ständig in Gedanken oder schimpfe mit dir, weil du nicht getan hast, wovon du glaubst, dass du es hättest tun sollen. Ja, wahrscheinlich hättest du diesen Menschen öfter besuchen oder mehr mit ihm reden sollen. Vielleicht wäre es besser gewesen, wenn du ihm oder ihr »Ich liebe dich« gesagt hättest – und noch viele andere Dinge. Doch Reue kann dir den geliebten Menschen nicht zurückbringen. Stattdessen solltest du das, was du bereust, als Lebenslektionen betrachten, die man niemals wiederholen sollte. Erkenne, dass du damals das Beste getan hast, wozu du in jenem Moment in der Lage gewesen bist. Verwandle deine Reue in etwas Positives, indem du beispielsweise anderen beibringst, was du inzwischen weißt.

Die Leere füllen

Wenn sich dein Herz leer anfühlt, so als ob nichts und niemand je den Platz des geliebten Menschen einnehmen kann, dann hast du zwei Möglichkeiten: Entweder lernst du, mit dieser Leere zu leben, oder du unternimmst Schritte, um diese Leere durch Neues zu füllen. Hoffentlich wirst du dich für die zweite Möglichkeit entscheiden, denn du hast noch viele Jahre vor dir und kannst deine Zeit auch genauso gut genießen. Du ehrst den geliebten Menschen nicht durch Jammer und Elend – sondern indem du glücklich bist! Fange also an, wieder Einladungen zu Partys, Clubveranstaltungen und anderen Aktivitäten zu akzeptieren, selbst wenn du dich dazu zwingen musst. Dein Herz wird sich bald mit neuer Liebe – in anderer Form – füllen.

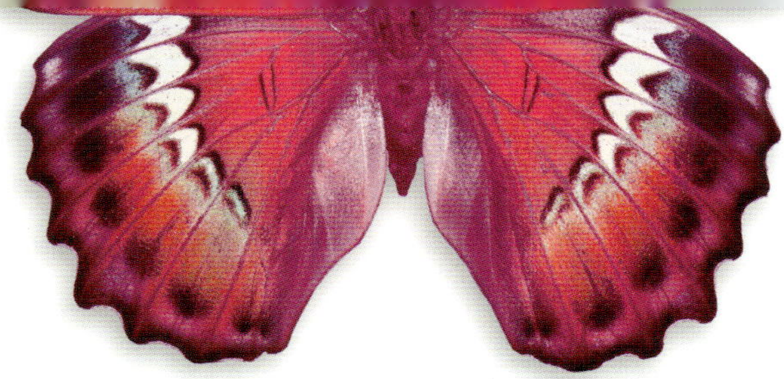

Dein alltägliches Leben geht weiter …

Deine ganze Alltagsroutine, die du früher mit dem geliebten Menschen geteilt hast, ist nun völlig verändert. Du versuchst vielleicht, diese täglichen Abläufe zu vermeiden, verrichtest sie allein in einem Zustand aus Verwirrung und Benommenheit, oder du suchst nach jemand anderem, der dir dabei hilft. Du kannst aber in jedem Fall sicher sein, dass dir der geliebte Mensch, der nun im Himmel weilt, bei speziellen Tätigkeiten trotzdem immer noch zur Seite steht – auf eine andere, nichtkörperliche Art und Weise.

Wenn du die Gegenwart des geliebten Menschen nicht spüren kannst

Du hörst und liest über die Begegnungen anderer Leute mit ihren verstorbenen Lieben und fragst dich: Und wo ist mein geliebter Mensch? Wenn du seine oder ihre energetische Präsenz bisher noch nicht gespürt hast, musst du deswegen nicht verzweifeln. Das heißt nicht, dass du verlassen wurdest oder nicht geliebt wirst. Normalerweise bedeutet es einfach nur, dass dein geliebter Mensch gerade damit beschäftigt ist, sich um sich selbst zu kümmern, da er das dringend braucht. Jeder Mensch hat seinen eigenen himmlischen Weg, den er beschreiten muss, damit seine Seele wachsen kann. Diejenigen, die nie an ein Leben nach dem Tod geglaubt haben, sind womöglich völlig schockiert, falls ihr menschliches Bewusstsein überlebt hat. Sie müssen dann erst mal in der Ebene des Jenseits bleiben, um sich mit der Tatsache abzufinden, dass ihre Seelen weiterleben. Andere Menschen, die einen traumatischen Tod hinter sich haben,

werden im Himmel erst einmal gepflegt und umsorgt, bis sie stark genug sind, um ihre Familie und Freunde besuchen zu können. Und wieder andere, die schon höher entwickelt sind, erheben sich ganz über die irdische Ebene und sind dann physisch nicht mehr fühlbar. Du kannst die Gegenwart des geliebten Menschen viel leichter spüren, wenn du deine Sinne wach und lebendig erhältst, was bedeutet, dass du es vermeiden solltest, dich mit süchtig machenden Substanzen zu betäuben oder deine Gefühle mit übermäßigem Essen zu dämpfen. Mit der Zeit werdet ihr beide lernen, wie ihr die Gegenwart des anderen durch den Schleier der Welten hindurch spüren könnt.

Flackernde Lichter und andere »Hallos«

Dein geliebter Mensch wird schon bald lernen, wie er die materielle Welt so beeinflussen kann, dass er in der Lage ist, dir Zeichen zu senden. Das schließt auch elektronische Störsignale mit ein – oder indem »Hallo, ich bin hier, und ich liebe dich!« durch das Flackern der Beleuchtung oder deines Fernsehbildschirms gesagt wird. Die betreffende Seele sendet dir vielleicht auch Grüße durch das Telefon, eventuell sogar mit einem Anruf mit seiner oder ihrer Anrufer-ID. Der Himmel ist inzwischen auch auf High-Tech umgestiegen, wenn es um das Versenden von liebevollen Botschaften und Zeichen geht!

Wenn der Schmerz unerträglich ist

Wenn du allmählich begreifst, dass der geliebte Mensch tatsächlich gestorben ist, dann tut dir das womöglich so sehr weh, dass du dich fragst, wie du das überleben sollst. Aber du wirst – und musst – es überleben. Viele zählen jetzt auf dich. Du besitzt eine innere Stärke, die direkt von Gott und vom Himmel kommt. Berufe dich jetzt auf diese Stärke. Gehe tief in dich, komme in deine Kraft, und kehre zurück ins Leben! Gelobe, anderen zu helfen, die das Gleiche wie du durchmachen, und wende das an, was du durch deine schmerzvollen Erfahrungen gelernt hast, um damit anderen zu helfen.

»Warum hat Gott meine Gebete nicht beantwortet?«

Immer wieder und wieder hast du gebetet, damit der geliebte Mensch am Leben bleibt ... und trotzdem ist er oder sie gestorben. Wenn das Leben eines Menschen nur noch an einem seidenen Faden hängt, überlassen die Engel ihm oder ihr die Entscheidung, ob er nach Hause in den Himmel zurückkehren oder in seinem physischen Körper bleiben möchte. Und obwohl es unglaublich erscheinen mag, dass sich jemand lieber für das Jenseits *entscheidet,* wäre die Entscheidung in seinem oder ihrem physischen Körper zu bleiben, für deinen geliebten Menschen eventuell die schmerzhaftere Variante gewesen. Vielleicht wollte die betreffende Person dir zudem die Belastung ihrer oder seiner Pflege ersparen, oder er oder sie hat erkannt, wie sein oder ihr Tod, dich spirituell erweckt und wachsen lässt. Gott kann nicht in den freien Willen der Menschen eingreifen, und wir alle müssen dafür beten, dass wir eines Tages verstehen und akzeptieren können, dass unsere Lieben letztendlich diejenige Entscheidung getroffen haben, die sich für sie am besten anfühlte.

Deine Hunde und Katzen wissen Bescheid!

Falls dein Hund eine leere Bank anbellt oder deine Katze faucht und plötzlich weghuscht, dann kommt das daher, weil Tiere von Natur aus medial veranlagt sind und die Gegenwart Verstorbener spüren können. Für deine Tiere ist ihre Energie genau wie die ihrer physischen Präsenz, daher wird dein Hund einen solchen Besucher anbellen oder mit dem Schwanz wedeln, um ihn zu begrüßen. Unsere Tiere wissen, dass unsere Seelen für immer lebendig sind.

Schreibe einen Brief an den Himmel

Der ganze Himmel kann deine Gedanken hören und deine Gefühle spüren, trotzdem kann es sehr hilfreich für deine Heilung sein, wenn du deine Gedanken ordnest, indem du einen Brief schreibst. Das kannst du handschriftlich mit Stift und Papier machen oder aber am Computer. Du kannst dem Himmel jede beliebige Frage stellen, und du wirst immer Antworten erhalten, die du als Gedanken, Gefühle, Visionen, Zeichen oder Worte in deinem Geist »hören« kannst.

Selbst wenn dir nicht nach Gesellschaft zumute ist …

Das Leben ist für die Lebenden, und das bedeutet, dass man Zeit mit anderen lebenden Leuten verbringt, selbst wenn man sich dazu zwingen muss, wieder etwas geselliger zu werden. Durch den Trauerprozess erkennst du schnell deine wahren Freunde – wer dir Trost und Unterstützung anbietet und wer nicht. Mit diesen Leuten solltest du deine Zeit verbringen, denn sie werden es akzeptieren, wenn du nicht »du selbst« bist. Sie werden dich lieben, selbst wenn du durch deine Trauer mürrisch oder depressiv bist.

Gesunde Ernährung hilft!

Wie hast du dich in letzter Zeit so ernährt? Was würde dein geliebter Mensch im Himmel von deiner Ernährung halten? Dein Körper ist ein Geschenk, und er ist der einzige, den du in diesem Leben kriegst. Dein geliebter Mensch im Himmel möchte, dass du auf deinen Körper acht gibst, und das schließt eine entsprechende Ernährung mit ein. Nimm dir also die Zeit, um ein paar gesunde Sachen in deinem nächsten Biomarkt, im Reformhaus oder direkt frisch auf dem Markt zu kaufen. Dein geliebter Mensch wird im Himmel strahlen und sich freuen, wenn du dich gut um dich selbst kümmerst!

Manchmal reicht es schon, sich anzuziehen

Dein Heim reflektiert deine Stimmung. Eine Art, die Stimmung anzuheben, ist es daher, die Vorhänge zu öffnen und Licht hereinzulassen. Wenn es das Wetter erlaubt, dann öffne auch die Fenster, und lasse so die frische Luft die abgestandene Schwere deines Zuhauses klären. Komm aus dem Bett raus, dusch dich und zieh dir was an. Es sind die kleinen Schritte, die einen großen, positiven Unterschied machen können.

Nimm diesen Verlust nicht persönlich

Der geliebte Mensch hat dich nicht verlassen. Er oder sie hatte einen Grund zu gehen. Es war göttliches Timing und hatte nichts mit dir zu tun. Ja, sein oder ihr Ableben hat dir furchtbar wehgetan und eine Leere hinterlassen und dir zusätzliche Belastungen aufgebürdet. Du kannst jedoch darauf vertrauen, dass der Himmel dir Heilung und Unterstützung in Form von Wundern und hilfreichen Menschen sendet. Sei offen dafür, Hilfe auch anzunehmen.

Bei jedem wichtigen Anlass ...

Deine Lieben werden dich zu jeder wichtigen Feier begleiten – also zu Hochzeiten, Abschlussfeiern, Taufen und Familientreffen. Denke auf jeden Fall daran, ihre spirituelle Anwesenheit zu würdigen und sie in die Festivitäten miteinzubeziehen, selbst wenn es nur eine stumme Unterhaltung ist, die du in Gedanken während der Feier führst.

»Warum ist das passiert?«

Mit der Zeit werden all deine Fragen über den Tod deines geliebten Menschen beantwortet werden. Eines Tages wirst du die Wahrheit kennen. Und in der Zwischenzeit solltest du dir selbst erlauben, deinen Frieden mit der Ungewissheit zu machen. Es ist in Ordnung, wenn du es im Augenblick noch nicht verstehst.

Jeder liebt es, zu helfen

Deine Lieben im Himmel fühlen sich geehrt, wenn du sie um Hilfe bittest. Bei wichtigen Entscheidungen im Leben empfiehlt es sich, möglichst weit oben um Rat zu fragen – etwa bei Gott oder Jesus. Aber falls Tante Ruth für ihre erstklassigen Schokoladenkekse berühmt war, ist es bestimmt keine schlechte Idee, sie um Beistand zu bitten, wenn du selbst beim Backen bist. Das Gleiche gilt für Vaters magische Fähigkeit, Autos zu reparieren, oder für den grünen Daumen der Schwester beim Gärtnern. Jede Person – egal ob lebend oder verstorben – hat irgendein besonderes Talent und freut sich, helfen zu können ... sogar vom Himmel aus!

»Nimm mich gleich auch!«

Manchmal reagieren Leute auf Trauer, indem sie Gott bitten, sie ebenfalls zu sich zu nehmen. Das ist eine normale Reaktion, die aus Wut, Schock und einem Gefühl der Ungerechtigkeit geboren wird. Erkenne, dass der geliebte Mensch noch immer bei dir ist und seine oder ihre Seelenmission vielleicht von der anderen Seite aus erfüllen soll, genau wie du es auf dieser Seite tun musst. Jede Seele hat einen vorgegebenen Zeitpunkt, an dem sie diese Welt betritt, und einen, an dem sie sich wieder von ihr verabschiedet.

Sieht ganz nach einem Wellnesstag aus!

Nun ist die perfekte Zeit für dich gekommen, um deine Alltagsroutine zu verändern und etwas nur für dich zu tun! Besuche ein Spa und gönne dir eine Massage oder eine Gesichtsbehandlung. Lass dich einen ganzen Tag lang nur verwöhnen. Oder kaufe dir mal wieder ein neues Outfit! Vielleicht hebt das ja sogar deine Stimmung und schenkt dir ein kleines bisschen Freude.

Mache einen Ausflug

Höchstwahrscheinlich wäre jetzt eine gute Zeit für diese Reise, die du schon so lange unternehmen wolltest, aber bis jetzt immer wieder aufgeschoben hast. Wenn du gewisse Sachen nicht beherzt anpackst, dann kommt meist irgendetwas dazwischen, und das »Leben« durchkreuzt deine Pläne wieder. Nimm einen tiefen Atemzug und suche dir einen Ort aus, zu dem du schon immer mal reisen wolltest, und unternimm dann die nötigen Vorkehrungen, um deinen Wunsch auch Realität werden zu lassen. Dein Herz kann auf diese Weise mal Ferien machen, und du kannst Zeit mit deinem neuen Selbst verbringen.

Sich selbst den Schwarzen Peter zuspielen

Wenn einer unserer Lieben zu einem Zeitpunkt oder unter Umständen stirbt, die uns unnatürlich erscheinen, dann geben wir uns anfangs oft selbst die Schuld dafür. Wir denken, *wenn wir nur dieses oder jenes gesagt hätten, dann wäre das nicht passiert.* Das stimmt aber nicht. Jede Seele befindet sich auf einer Reise und muss bestimmte Lektionen lernen. Keiner kann für jemand anderen dessen Leben leben, und zum damaligen Zeitpunkt hast du die perfekte Entscheidung getroffen. Sei nicht so hart zu dir; du hast dein Bestes gegeben.

Warum sind die anderen nicht genauso traurig?

Wenn unser Herz sehr aufgewühlt und voll Trauer ist, wundern wir uns oft, warum die anderen nicht das fühlen können, was wir fühlen. Wir stellen uns die Frage, wie sie in der Lage sind, mit ihrem Leben ganz normal weiterzumachen, wo doch etwas so Niederschmetterndes geschehen ist. Jeder hat allerdings eine ganz eigene Beziehung zu dem geliebten Menschen und trauert auch anders. Du kannst dir jedoch sicher sein, dass der geliebte Mensch im Himmel von deiner Traurigkeit weiß und *deine* Liebe spürt.

Taler vom Himmel

Unsere Lieben in der geistigen Welt freuen sich sehr, uns mitteilen zu können, dass sie bei uns und äußerst »lebendig« sind. Daher werden sie auf vielerlei Art versuchen, zu uns durchzudringen, damit wir sie auch wirklich bemerken. Da sie in der Lage sind, Münzen an Stellen zu materialisieren, wo du sie höchstwahrscheinlich entdecken wirst, greifen viele von ihnen besonders gern zu dieser Methode. Wenn du also das nächste Mal Münzen an den merkwürdigsten Orten findest, dann kannst du dir sicher sein, dass der geliebte Mensch dir mal wieder »Hallo« sagen möchte.

Deine Lieben sind »fotogen«

Wie aufregend! Eine Art, wie deine Lieben sich bemerkbar machen können, ist in Form von Energie auf Fotos – auch als Orbs bekannt. Dabei handelt es sich um konzentrierte Energiestrukturen, die deine Lieben auf deine Kamera projizieren, damit du weißt, dass sie bei dir sind. Das nächste Mal, wenn du ihre Gegenwart spürst, schieße doch einfach ein Foto und schaue nach, ob ihr helles Licht darauf erscheint.

Erinnerungen nochmals durchleben

Eine wundervolle Methode für dich, um sich an den geliebten Menschen zu erinnern und diesen gleichzeitig zu ehren, ist das Durchsehen all eurer gemeinsamen Fotos und Videos. Vielleicht bekommt ja deine Kreativität dadurch einen Schub und du stellst eine DVD mit euren schönsten Momenten zusammen. Dadurch hast du etwas, das du hervorholen kannst, wenn du in den herrlichen Erinnerungen schwelgen möchtest, die ihr erschaffen habt.

Organisiere dein Leben neu

Wenn dein Kopf voll ist und du dich so fühlst, als hättest du jegliche Kontrolle verloren, dann ist eine der besten Methoden, um dich besser zu fühlen, die Organisation und Entrümpelung deines Schranks, deines Büros und deiner Umgebung. Du wirst dabei merken, dass du über viele Aspekte in deiner Welt Kontrolle hast. Und indem du sauber machst und dich von Sachen trennst, schaffst du dir gleichzeitig auch mehr Raum für neue Dinge. (Ganz zu schweigen davon, dass die geistige Welt eine saubere, freundliche Atmosphäre bevorzugt!)

EHRE DEINE LIEBEN

Deine Lieben sind sich deiner Gedanken vollkommen bewusst und im Einklang mit ihnen. Daher sind sie immer sehr gerührt, wenn du etwas Liebes in Gedenken an sie machst – Scrapbooks, Fotoalben oder Videos mit Erinnerungen.

Ehrenamtlich arbeiten

Viele Trauernde finden, dass es den ganzen Prozess etwas leichter macht, wenn sie etwas für Menschen tun, die Hilfe brauchen. Vielleicht solltest du daher mal darüber nachdenken, eine ehrenamtliche Tätigkeit bei einer Wohltätigkeitsorganisation zu übernehmen. Dadurch wird es dir bestimmt leichter ums Herz, und gleichzeitig hilfst du dadurch anderen Menschen.

Ein Gedenkstipendium

Die Seelen in der geistigen Welt – besonders diejenigen, die sehr jung gestorben sind – wollen anderen auf der Erde die Möglichkeit dazu geben, die beste Variante ihrer selbst zu sein. Oftmals richten Familienmitglieder und Freunde ein Stipendium oder ein Prämienprogramm im Namen des geliebten Menschen im Himmel ein, der sich dann sehr darüber freut, dass sein oder ihr Tod dazu geführt hat, dass sich das Leben mindestens eines anderen Menschen auf der Erde verbessert hat.

Mache einen Termin aus

Da die geistige Welt unser Leben mit uns teilt, wollen die Verstorbenen uns stets versichern, dass sie an einem sehr guten und liebevollen Ort sind. Das einzige Problem ist vielleicht, dass du sie nicht hören kannst. Wenn du also eine bestimmte Zeit ausmachen möchtest, um mit ihnen in Kontakt zu treten, dann solltest du das auch tun. Achte allerdings darauf, dass es jeden Tag zur gleichen Zeit ist, und halte dann natürlich die Verabredung auch ein! Wenn es dann so weit ist, nimm einen Stift und einen Papierblock zur Hand, schließe deine Augen, nimm ein paar Atemzüge und höre darauf, was dir deine Lieben mitteilen möchten.

»Ich bin nicht umsonst gestorben«

Wann immer ein geliebter Mensch diese Welt verlässt, stellen wir uns die Frage: *Warum?* Bei fast jedem Todesfall ist der Zeitpunkt des Todes nur schwer zu verstehen. Aber während die Tage, Monate und Jahre vergehen, wird diese Erfahrung schließlich dazu führen, dass einer anderen Person in einer ähnlichen Situation geholfen werden kann. Nichts im Leben sollte je als selbstverständlich betrachtet werden.

Heile deine Wunden

Du bist ein sehr wichtiges, spirituelles Wesen, das alles erreichen kann, was es sich in den Kopf gesetzt hat. Denke immer daran, dass ein gebrochenes Herz ein Herz ist, das größer gemacht wurde, als es zuvor war. Deine emotionalen Wunden entwickeln sich allmählich zu etwas anderem. Stelle dir mithilfe deiner Fantasie einen Ort vor, an dem dein Körper, dein Geist und deine Seele perfekte Heilung erfahren können. Und denke daran, dass in all der Dunkelheit immer ein Licht scheinen wird, um dir den Weg zu weisen.

Trauerunterstützung

Du kannst sehr liebevolle und einfühlsame Unterstützung von einer Trauergruppe bekommen, und zwar von Leuten, die dich verstehen. Viele davon sind kostenlos oder zumindest äußerst preiswert. Kontaktiere ein Hospiz in dei-

ner Nähe, um eine Liste mit Empfehlungen für deine Gegend zu erhalten. Du kannst zudem online Unterstützung bekommen, zum Beispiel auf dieser Website:

www.griefnet.org

Über die Autoren

DOREEN VIRTUE ist diplomierte Psychologin und Familientherapeutin. Schon in ihren Büchern »Die Engel-Therapie« und »Dein Leben im Licht« hat sie sich mit den Themen mediale Arbeit und Jenseitserfahrungen auseinandergesetzt. Doreen ist regelmäßig im Fernsehen und Radio zu Gast, wo man sie als »Angel Lady«kennt. Mehr Informationen über ihre Workshops, Bücher, Orakelkarten, Audio-Programme, Podcasts und ihre wöchentliche interaktive Radioshow findet man auf der Website:

www.AngelTherapy.com.

James Van Praagh ist der international renommierte *New* York Times-Bestsellerautor von »Mit Geistern reden, Jenseitswelten, Im Himmel zu Hause« und vielen anderen Büchern. Er gilt weltweit als Pionier im Bereich der medialen Arbeit und war inzwischen in fast jeder Radio- und TV-Show der letzten 20 Jahre zu Gast. Seine Botschaften des Trosts, des Friedens und der spirituellen Einblicke haben die Ansichten über Leben und Tod von Millionen Menschen verändert. Als anerkannter Experte auf seinem Gebiet veranstaltet James weltweit Seminare, Kurse und spirituelle Kreuzfahrten. Weitere Informationen findet man auf der Website des Autors:

www.vanpraagh.com.

ANGEL THERAPY®

Botschaften der Liebe von denen, die von uns gegangen sind

Intuitiv finden Sie in diesen 44 Karten die tröstende Botschaft eines geliebten Menschen, der seinen Körper verlassen hat

44 Karten
mit Anleitungsbuch
€ 19,99
ISBN 978-3-95736-048-9

Wie die Erzengel unser Horoskop beeinflussen

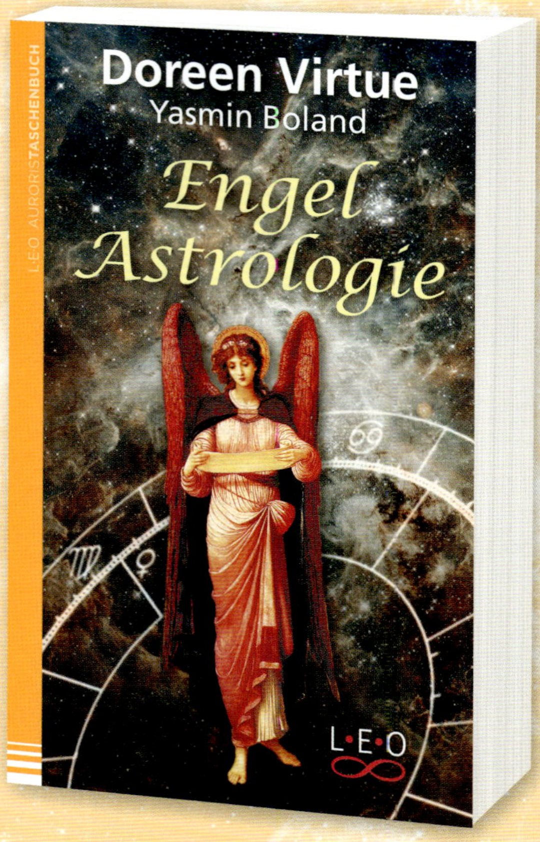

Taschenbuch
€ 9,99
ISBN 978-3-95736-016-8